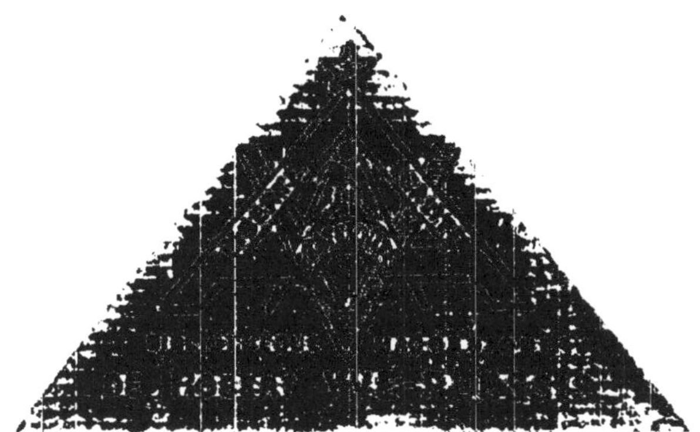

Selon Francisque Michel, on pourrait joindre aux glossaires des idiomes spéciaux de la franc-maçonnerie et du compagnonnage, le vocabulaire intitulé : « Formulaire de l'Ordre de la Félicité » que le savant académicien dit avoir vu à la Bibliothèque nationale où il faisait partie du Z ancien.

Malgré les recherches consciencieuses des bibliothécaires de cet établissement, il n'a point été possible de remettre la main sur ce recueil dont nous avions pourtant retrouvé le titre exact au n° 2417 du catalogue Cigongne. Ce livre s'appelle :

Formulaire du cérémonial en usage dans l'Ordre de la Félicité observé dans chaque grade lors de la réception des chevaliers et chevalières dudit ordre, avec un dictionnaire des termes de marine usités dans les escadres et leur signification en françois. Sans lieu [*Paris*], 1745; in-12.

Le glossaire qu'il contient est reproduit, avec des additions notables, dit la Bibliographie Gay, dans un autre livre intitulé :

L'Anthropophile ou le Secret et les Mystères de la Félicité. *A Arctopolis* [*Paris*], 1746; in-12.

Sans les avoir vus, nous savons de quoi il est question dans ces deux ouvrages, qui n'ont rien de commun avec la maçonnerie. L'Ordre de la Félicité était une société de débauchés des deux sexes, une sorte de loge libertine, surtout composée de tribades et de pédérastes, lesquels employaient entre eux un vocabulaire emprunté aux termes de la marine. Cette société, analogue à celle des Aphrodites dont le chevalier Andréa de Nerciat devait plus tard publier les procès-verbaux (si l'on ose ainsi dire), avait été fondée par un certain Chambonas. — Dulaure en parle dans son « Histoire de Paris », tome VI, p. 176.

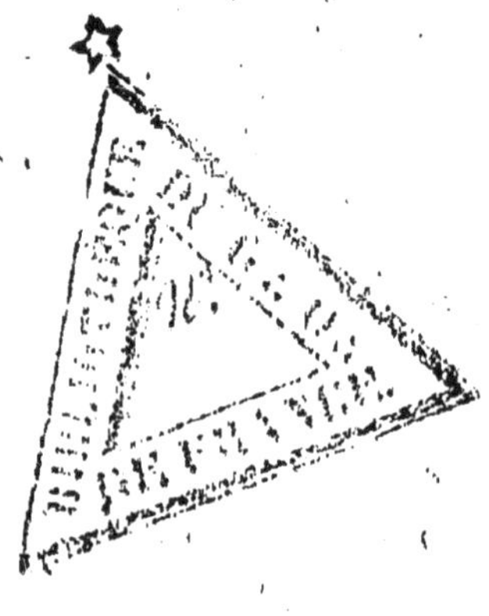

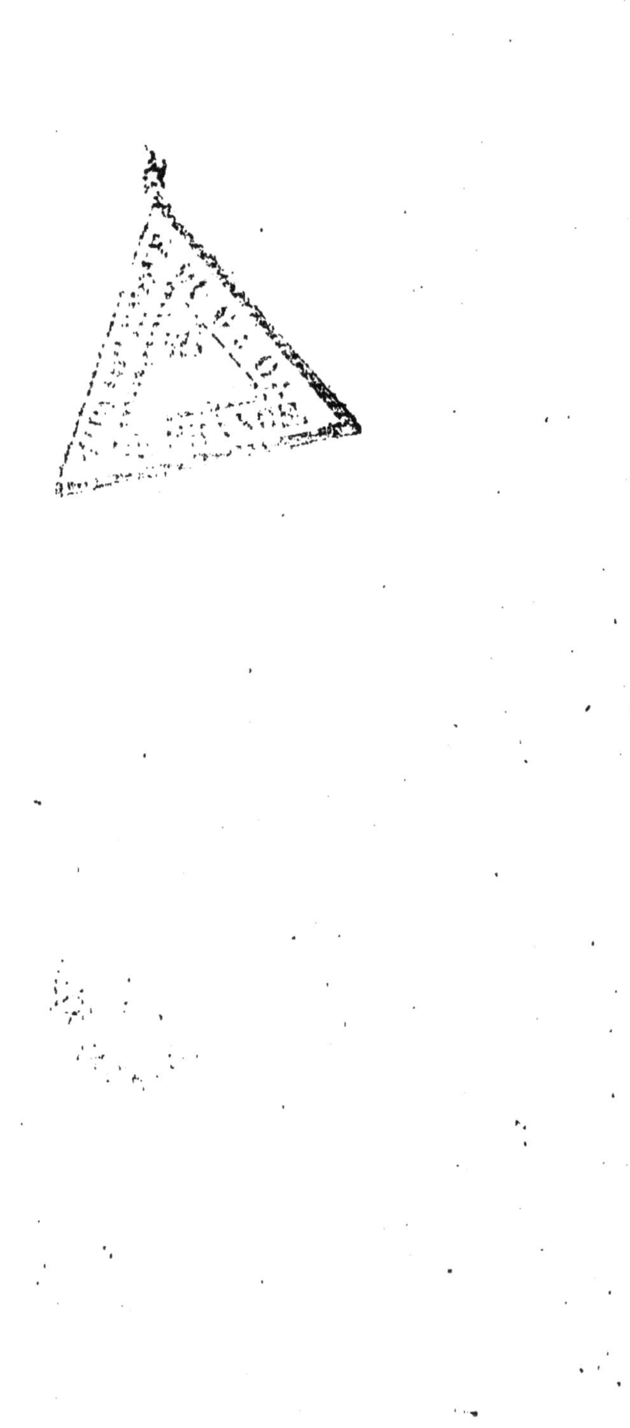

L'ANTROPOPHILE

ou

LE SECRET

ET

LES MISTERES DE L'ORDRE

DE LA FE'LICITE'

DEVOILE'S

POUR LE BONHEUR

DE TOUT L'UNIVERS.

IMPRIME' A ARCTOPOLIS.

M. DCC. XLVI.

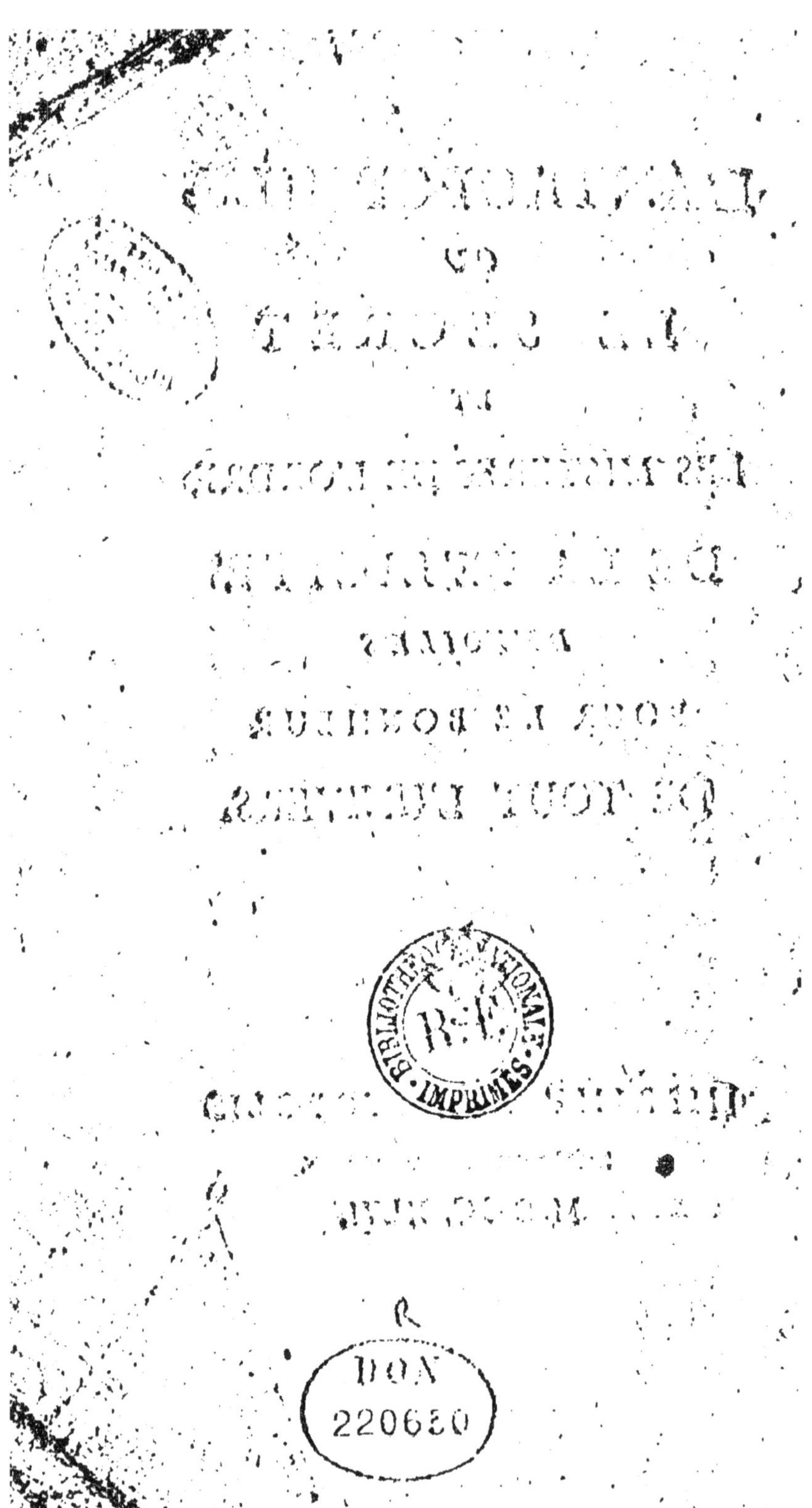

AVERTISSEMENT

LA dignité d'un Ordre n'existe pas tant dans l'auguste origine dont il fait trophée, que dans la necessité de sa fin. La Chevalerie de la *Félicité* ne date point du temps de *Salomon*, ni du siecle des *Croisades*. Son principe est plus ancien & plus noble ; il nous rappelle cet heureux *Siecle d'or*, si vanté, mais qui, je crois n'a jamais existé que dans le temps fabuleux, & sous le regne du Vainqueur de Fontenoy. Heureuse tranquillité, tu nous es trop précieuse, pour ne pas bénir, mille fois le jour, le charmant Monarque qui nous fait jouir de tes douceurs. *Deus nobis hæc otia fecit.* La *Félicité* remonte jusqu'à Dieu ; c'est dans son sein même qu'elle

A ij

s'est formée. Quel ordre, quelle
Société, quelle Chevalerie dans
l'univers nous peut montrer des
yeux aussi illustres & aussi respec-
tables?

Adoniram, & les *Chevaliers*
de *S. Jean* ne font que blanchir
contre une pareille naissance.
Stemmata quid faciunt? De tout
temps les hommes ont voulu leur
bonheur. Ils font plus inquiets de
la fin de leur ame qu'ils ne s'em-
barassent de son principe. Ils ont
cru, les aveugles qu'ils font, que
le vrai bonheur se devoit trouver
au milieu de leurs passions. Quel
cortége infâme, quel trône igno-
minieux pour une influence si
céleste, & une vertu si tendre &
si précieuse!

A quoi fert-il d'être le fils de
Crésus, quand ayant dégénéré
on n'est plus qu'un *Irus* ou un
Job; L'homme peu tourmenté

de fon origine ne s'inquiete que
de fa fin : & c'eft dans la fin feule
que l'Ordre de la Félicité eft ref-
pectable. Qu'il eft aifé de refpec-
ter ce qu'on fçait être utile &
avantageux ! . . . .

Les *Maçons* fe font gloire d'ef-
frayer leurs *Néophites* ; nous ne
fommes contens que quand nous
voyons les nôtres pleins d'allegreffe. Ces terribles Architectes
du Temple de *Salomon* fe guin-
dent ; & femblables à des Ixions
ils courrent après la nuée lumi-
neufe ; ils fe croyent toujours
montés fur le *Tabord* ; nous nous
p'aifons fur des lits de rofes, & au
milieu des chaînes & des guirlandes de fleurs ; nous ne chériffons
Neptune que parce que de foil
fein eft fortie la mere de l'*Amour.*
Les *Maçons* s'environnent de
pierres, & s'arment de fer ; nous
préférons un beau défordre à

leur *Regle* ; nos assemblées que
le plaisir anime dédaignent la se-
vere exactitude du *Compas* ; le
flambeau de l'amour & la douceur naïve des Graces nous ré-
compensent assez du mystere pré-
tendu de *l'Equierre*. Ces infortunés *Ectogines* sont fols , & nous
sommes incontestablement sages
puisque nous sommes heureux au
milieu de nos plaisirs.

Les *Profanes* sont surpris que
nous ayons affecté dans nos assemblées les termes de *Marine*
préférablement à tous les autres.
C'est en quoi consiste le secret :
qu'ils se fassent recevoir ; le ban-
deau tombera ; leurs yeux seront
dessillés ; ils verront la lumiere.
Et dans la félicité , en aimant
l'ordre de plaisir, ils seront con-
traints d'admirer la sagesse de
l'Ordre.

Je suis dans mon zele un Frere

(7)

fincere, & ne fuis point de ces
Freres qui déguifent l'impofture
fous le voile du fanatifme. On
fçait affez que l'interêt & la débauche ne font point le foutien
& la bafe de notre Ordre. Nous
ne voulons que de l'allegreffe &
de la joye, & nous ne craignons
point le mépris & le dégoût.
Voilà ce qu'en bon Frere & en
honnête homme j'ai cru devoir
dire fans paffer pour enthoufiafte
ni pour indifcret.

L'ANTROPOPHILE.

CHAPITRE PREMIER.

De l'Origine de l'Ordre de la Félicité.

LE désir de réünir les hommes ensemble a toûjours été le motif des génies du premier Ordre. Le dessein seul marque le grand homme, la facilité d'y réüssir marque l'homme merveilleux. Changer des cœur sauvages & farouches en cœurs compatissans & tendres n'a pas été l'ouvrage d'un jour & le travail d'un seul mortel.

Deux sortes de sociétés ont partagé les hommes de tous les siécles. Les Sociétés *naturelles* sont les liens de consanguinité ; ces liens sympatiques ont toujours rendu un fils plus cher à son pere, qu'un cousin au quatriéme dégré à son parent trop éloigné. Les Sociétés *politiques* sont les nœuds de l'amitié ou l'Effet des loix du Prince : ces dernieres sociétés ont bâti les Villes, cultivé les Provinces, policé les Royaumes, réüni l'Univers enfin sous un seul coup d'œil d'uniformité. Les *Amphions*, les *Tirtées*, les *Licurgues* n'ont point mérité l'encens & les hommages des humains que par leur facilité à leur faire gouter les douceurs de l'union, & par l'ascendant qu'ils ont pris sur leurs esprits. Ces grands hommes sçavoient tendre des filets pour prendre, & sçavoient faire des cages pour apprivoiser. La Religion, les Loix, & les Récompenses sont les appas, je veux dire les nœuds dont ils ont enchaîné le vulgaire étonné.

Les sociétés d'amitié rentrent dans le genre dont je veux parler. L'Ordre de la *Félicité* en est du nombre. L'union & l'ardeur à saisir l'occasion de rendre service doit être & est pour l'ordinaire le fondement & la base d'un Ordre ; & c'est sans contredit le principal but de la *Félicité*. Se rendre heureux dans les moindres actions de la vie, comme

dans les plus intéreſſantes eſt le motif
& le point de vûe des premiers Inſti-
tuteurs de l'Ordre. Je ſuis Frere & Chevalier de cet Ordre : je ſuis heureux, &
mon ſeul regret eſt de ne point voir
tout l'univers partager mon bonheur.
D'un mot je détruits mon ſcrupule : Le
monde eſt mon frere & mon ami, d'un
coup de plume je veux bannir le titre
de *profane*, en diſſipant les ténébres,
& en dévoilant ſans détour ni aſtuce le
ſecret de rendre les hommes auſſi contens que moi.

On a déja imprimé un livre ſur ce
ſujet, intitulé : *Formulaire du Cérémonial
en uſage dans l'Ordre de la Félicité*. Je
ne me ferai point une honte de prendre
tout ce qui me ſera néceſſaire & qui
ſera vrai dans ce livre pour remplir
mon deſſein. J'en avertis le public : Je
ne ſuis donc que Copiſte & non pas
Plagiaire.

CHAPITRE II.

Des Officiers & des Charges de l'Ordre.

CE que les Maçons appellent *Loge*, les freres des quatre vents, *Caverne*; les Et.... *Tente*, nous l'apellons *Efcadre*; pour tenir *Efcadre* il faut être cinq pour le moins, & malgré ce nombre, on n'y peut recevoir, fi on n'eft autorifé par la patente qui permet la *Rade* où fe tient l'*Efcadre*. Le mot de *Rade* fignifie le lieu où l'*Efcadre* s'affemble.

Lorfqu'une Efcadre eft affemblée, & qu'on veut être introduit, dans la Rade où elle fe tient, on frappe deux coups. Un Chevalier qu'on caractérife du Titre de Chérubin (cette charge fe donne ordinairement au dernier Mouffe reçu dans l'Efcadre) répond par le même nombre de coups & va avertir le Chef d'Efcadre qu'on frappe; ayant la permiffion de s'informer qui a frappé; quand c'eft un Frere, il eft queftionné avant de l'admettre fur les planches de

ſon Vaiſſeau & de ſa Fregate ; (j'éclair-
cirai cette difficulté dans la réception
de Mouſſe.) ſi c'eſt un Aſpirant, il eſt
introduit, comme je vais le dire dans
le Chapitre ſuivant.

L'agrément de l'eſprit, la douceur
du caractere, & les talens pour le ſer-
vice de Mer ſont les trois qualités né-
ceſſaires, pour être admis dans l'Ordre.

Les Charges ſont celles de Grand-
Maitre, de Commiſſaire, de Grand-
Sondeur & d'Inſpecteur. Le *Grand-
Maitre* eſt le ſeul qui puiſſe donner la
permiſſion de recevoir, & ſans ſa patente toute reception eſt nulle. *Le Commiſſaire* dans l'Eſcadre eſt celui qui porte les plaintes quand il y en a de la
part de quelque Frere ou de quelque Sœur, qu'on appelle Chevalier
& Chevaliere. Le *Grand-Sondeur*
eſt chargé de rendre compte des découvertes qu'il a faites ſur la côte depuis la
précédente Eſcadre. l'*Inſpecteur* eſt celui qui voit ſi tout eſt en regle, & ſi
chacun a ſon Cordon & ſon Ancre,

CHAPITRE III.

Des Grades en général.

LE premier Grade de l'Ordre de l'Isle de Félicité, est celui de Mous-fe ; le second, est le Patron ; le troisié-me, est le Patron - Salé ; le quatrié-me, est le Chef d'Escadre.

Lorsqu'on présente quelqu'un pour être admis dans l'Ordre, le Maître de Cérémonie se tient au-dehors de la Ra-de avec le *Postulant*, qui ordinairement est proposé par un Patron de ses amis, qui s'appelle alors *le Répondant*. Il frap-pe à la porte deux coups, comme j'ai dit ci-dessus ; quand l'un & l'autre sont introduits, le Chef d'Escadre interroge lui-même le *Postulant* pour s'assurer si c'est un vrai zélé ou une simple curio-sité qui lui fait désirer l'Ordre de la Chévalerie. Il lui fait ensuite des ques-tions irrégulieres pour découvrir son caractere. Par exemple il lui dira : „ M.
„ si votre Vaisseau étoit brisé par la
„ tempête en pleine mer, vous vous
„ jetteriez sans doute sur quelque dé-

» bris pour vous fauver à la nage. Si
» au milieu de votre travail un monf-
» tre venoit fe préfenter à vous , que
» feriez-vous ? » Il faut répondre : *Je
combattrois , & après avoir vaincu mon
adverfaire je reprendrois ma route.*

Après ces perquifitions , le Chef
d'Efcadre fait tourner le Poftulant du
côté du Nord & lui fait réciter l'Orai-
fon de S. Nicolas , Patron de l'Ordre.
La voici comme elle fe dit dans la
plûpart de nos Efcadres.

Priere à S. Nicolas.

Toi, qui dans l'horreur du nau-
    frage
Soutiens le cœur des Matelots
Et les préferve de l'orage ;
Toi, qui d'un mot calme les Flots ;
Saint Nicolas , fois favorable
Au zele qui m'appelle à toi :
Fais que ton Scrutin redoutable
M'admette à vivre fous ta Loi :
Que fur tes Efcadres brillantes
Je ferve & commande à mon tour ;
Qu'aux Charges les plus importantes
De rang en rang je monte un jour :

Que, contre moi le fier Borée
Ne souleve jamais les mers;
Et que de l'Isle défirée
Je trouve tous les Ports ouverts.

Ainsi soit-il.

Pendant cette Cérémonie tous les Chevaliers & Chevalieres font debout, nuë tête & les mains croifées fur la poitrine : on ouvre alors le Scrutin devant l'*Afpirant*. Il le visite, le ferme, & en garde la cléf, afin qu'il foit certain qu'il ne fe paffe aucune fupercherie. On met auprès du Scrutin des balles blanches & noires : tout le monde fort, & le Chérubin met l'épée à la main au-dehors de la porte de la Rade, qu'il ouvre & qu'il referme à mefure que les Freres entrent un à un. Le Poftulant eft auprès du Chérubin, pour demander par un coup de rame le fuffrage de chaque Frere qui va au Scrutin. (J'expliquerai ce coup de rame dans le Chapitre des Signes.) Quand tous les Freres y ont paffé, le Chef d'Efcadre prend le Poftulant par la main & le conduit au Scrutin & le lui donne à ouvrir. S'il s'y trouve une balle noire

Il eſt renvoyé à un autre Scrutin ; on n'en accorde jamais deux en un même jour. Si dans trois Scrutins differens on à toujours des balles noires, on eſt reſuſé pour toujours. Lorſque le Scrutin eſt favorable, toute l'Eſcadre bat des mains & embraſſe celui qui eſt admis.

Dans les Eſcadres particulieres, comme on n'obſerve pas les regles du céré-monial auſſi ſcrupuleuſement que dans les grandes Eſcadres, le Scrutin y eſt moins rigoureux. Au lieu de balles noires & blanches, on prend ſouvent des fiches de couleur, ou des jettons variés ; au lieu de boëte de Scrutin on ſe ſert d'un chandelier ou de la pre-miere choſe qui peut contribuer à l'ap-parence de la forme des réceptions régulieres.

CHAPITRE IV.

Reception de Mouſſe.

L ES Chevaliers & Chevalieres qui ſont à la Rade ſe rangent auprès du Chef d'Eſcadre, à droit & à gauche ſur

deux lignes parallèles, suivant le rang &
la dignité & l'ancienneté. Tout le
monde est assis la tête couverte. Le
Chérubin se place en dedans de la
porte l'épée à la main, le Chef d'Escadre est assis sur son trône l'épée à la
main.

En attendant que le Maître de Cérémonie introduise le Postulant, chacun
doit rendre compte au Chef d'Escadre
des embarquemens & des prises faites
depuis la derniere Escadre : le Com-
missaire porte les plaintes s'il y en a.
Le Grand-Sondeur rend compte de ses
découvertes sur la côte, & l'Inspecteur
visite si chacun est à la regle : ceux qui
se trouvent en contravention sont obli-
gés de payer sur le champ l'amende
fixée dans l'Escadre. C'est être en contravention de ne point avoir le Cable
& l'Ancre sur le cœur, comme les Statuts le prescrivent : mais la faute est
amendable quand on ne les a point sur
soi.

Il y a deux choses remarquables dans
la regle des constitutions de cet Ordre.
Premierement pour éviter les jalou-
sies qu'une jolie Chevaliere pourroit

exciter parmi ses Consœurs moins bel-
les, les *Solons* de la Félicité, sçach s
que le trône de l'Amour & des Graces
est établi sur le sein charmant d'une belle
femme, & que le trône de l'Amour est
voisin de l'antre de l'Envie, je veux dire,
que chaque regard qu'un galant homme
jette sur un objet aimable rend ses riva-
les ses ennemies, ont voulu que chaque
Sœur parût en escadre avec autant de
décence que les dévôtes paroissent dans
l'Eglise. Elles y sont non-seulement
couvertes, mais elles y sont embégui-
nées, je n'ose pas médire de nos Lé-
gislateurs, mais je sçai ce que plusieurs
fois mon cœur a souffert.

Secondement, une Chevaliere est
coupable & répréhensible en Escadre,
quand un Chevalier l'aimant, il est
prouvé qu'elle a quelque liaison avec
un profane : une lettre écrite au détri-
ment d'un Confrere est un crime capital. Un jour, à propos de cette regle, un de nos Chevaliers fort connu
dans l'H. D. V. D. P. par les occupa-
tions éminentes qui l'y retiennent,
plus connu encore par sa crasse ignorance, & la grossiereté insuportable,

diſoit devant moi à ſa Chevaliere ſur
ce qu'elle ne vouloit pas manger avec
lui pour le moment : vous m'avez
refuſé ; je vous appellerai devant
l'Eſçadre. Le bien ne donne pas l'édu-
cation ni la politeſſe : les richeſſes
n'ont preſque toujours ſervi qu'à faire
un ignare & un fat. Rien donc ne doit
ſurprendre de la part de cet homme ;
ce qui m'étonne le plus, c'eſt qu'un
Prêtre ait eu la foible condeſcendance
de lui accorder le Baptême ; j'aimerois
autant mener mon A... à l'Egliſe pour
profiter des graces de l'*abſoûte*. Reve-
nons à notre Poſtulant.

Lorſque le Maître de Cérémonie a
frappé pour avertir le Poſtulant d'entrer, le Cherubin s'informe de ſon
nom & de ce qu'il déſire ; il répond
qu'il demande à être introduit dans le
Jardin d'Eden. Le Chérubin fait ſon
rapport ; enſuite il vient lui demander
qui eſt le Patron qui s'eſt chargé d'être
ſon *Répondant* ; il le nomme, & ſon
Répondant ſe leve, & dit qu'il rendra
compte des talens de celui qu'il pré-
ſente, quand on le requerera.

Le Chef d'Escadre demande alors à toute l'Escadre si elle consent que le Postulant soit admis : on répond à sa demande *par un coup de Rame*, pour signe d'approbation sans proférer un seul mot. Le Cherubin à ce signe ouvre la porte.

Le Maître de Cérémonie introduit le Récipiendaire désarmé & sans chapeau. Il dit son nom & ses qualités & laisse à son Repondant à en faire un détail plus exact. Le Chef d'Escadre lui demande ce qu'il souhaite : je désire, doit-il repondre, m'embarquer pour l'Isle de Felicité & je demande l'Ordre de la Chevalerie. Alors on l'interroge sur les Embarquemens qu'il a faits, pour juger de son expérience dans la navigation; il y répond, & le Chef d'Escadre demande encore à l'Escadre si elle est satisfaite, on lui répond d'accord par un coup de Rame.

Le Maître de Cérémonie conduit alors le Récipiendaire auprès du Trône, & lui faisant faire trois revérences, il le met à genoux aux pieds du Chef de l'Escadre. Toute l'Escadre dans ce moment se met en mouvement & rame, pour faire entendre figurément, qu'elle conduit le Frere au Port de Félicité. Le nouveau Frere met la main gauche sur le genouil du Chef d'Escadre & éleve sa main droite qu'il entrelasse dans la gauche de celui qui le reçoit. Dans cette attitude le Chef d'Escadre lui demande s'il consent à s'engager par un serment qui ne liera à rien de contraire à la Religion, à l'honneur & à l'Etat, quand il y a consenti, il repete après le Chef d'Escadre les paroles suivantes.

SERMENT DU CHEVALIER.

Je fais serment & je promets d'honneur de ne jamais révéler sous quelque prétexte & en quelque manière que ce puisse être aucuns des secrets qui me seront confiés, ni rien de ce qui se passe dans l'Escadre, & je consens si je manque à ma parole d'être regardé par mes Freres & Sœurs, comme un homme deshonoré & méprisable.

SERMENT D'UNE CHEVALIERE.

Je fais serment & protéste devant vous, mes Freres & Sœurs, qui me confiez sans

réserve vos Mistéres, de ne jamais révéler
sous quelque prétexte & en quelque maniére
que ce puisse être, aucun des secrets qui
me seront confiés, ni rien de ce qui se passe
dans l'Escadre : & je consens, si je trahis
ma parole, d'être livrée à la fureur des
plus terribles Matelots.

Après ce serment prononcé, le Chef
d'Escadre fait promettre au Récipiendaire fidélité à l'Ordre en général,
obéissance au Grand-Maître & à ses
Superieurs pour tout ce qui a rapport
à l'Ordre : il lui reccommande ensuite
de porter l'Ancre amarré sur le cœur
avec les cables convenables à son
grade ; de contribuer en tout ce qui
dépendra de lui au bonheur, à l'agrément & à l'avantage de tous les Chevaliers & Chevaliéres ; de se laisser
conduire dans l'Isle de Félicité, & d'y
en conduire d'autres quand il en con-
noîtra la route ; de se rendre aux cita-
tions, se soumettre aux amendes &
aux peines qui lui seront imposées ;
lorsqu'il aura manqué à quelqu'un des
Statuts, & de ne jamais entreprendre
le mouillage dans aucun Port où il y

aura actuellement un Vaiſſeau de l'Ordre à l'Ancre. (On fait promettre aux
Chevaliéres de ne point receyoir de
Vaiſſeau Etranger dans leur Port, tant
qu'il y aura un Vaiſſeau de l'Ordre à
l'ancre.)

Le Chef d'Eſcadre demande une
troiſiéme fois à l'Eſcadre ſi elle eſt ſatis-
faite des promeſſes du Poſtulant; elle
répond par un troiſiéme coup de Rame.
Alors les Chevaliers & Chevaliéres
levent tous la main au-deſſus de la tête
du nouveau Chevalier & met le chapeau
bas juſqu'à ce que le Chef d'Eſcadre ait
fini de lui confier le ſecret & de lui
donner l'accolade avec l'Épée. Le Maître de Cérémonie le conduit après vers
chaque Frere & Sœur pour leur répé-
ter ce que le Chef d'Eſcadre lui a
dit.

Le ſecret du Mouſſe conſiſte dans un
ſigne pour ſe reconnôître & dans deux
mots à ſe communiquer. Quand un Frere
veut ſçavoir ſi quelqu'un eſt Mouſſe,
il met ſa main droite au bout de ſon
oreille droite, l'autre lui répond en
tenant le bras droit tendu le long de
la cuiſſe droite. Le Mouſſe doit connoître

noître encore le Vaisseau & la Frégate.
Le Vaisseau s'appelle *Chalom*, & la
Fregate *Leka*. Ces deux mots ne se
prononcent jamaisqu'en Escadre. Voici
la façon dont on se donne à reconnoître avec ces deux mots : chaque lettre
est la premiére d'un bois particulier.
Ainsi le Vaisseau est composé de six
planches, differentes d'espéce, & la
Fregate de quatre. Si je demande à un
Mousse s'il connoît la quatriéme planche de son Vaisseau, il me doit répondre *Laurier*. Si je lui demande encore
le nom de la troisiéme planche de la
Fregate, il doit répondre *Kermès*. Voici
le Vaisseau & la Frégate avec leurs bois
de convenance, pour la facilité de
ceux qui sont reçûs nouvellement.

Vaisseau.	*Fregate.*
Cédre,	Liége,
Hêtre,	
Amandier,	Erable,
Laurier,	
Oranger,	Kermès,
Mûrier,	Abricotier.

C

·· Quand on a institué cet Ordre &
qu'on a voulu par les mots de *Vaisseau*
& de *Fregate*, faire entendre l'*Homme*
& la *Femme*, ne falloit-il pas chercher
des Arbres dont le bois pût avoir quelque rapport avec eux : par exemple
pour faire une Femme charmante, voici
les bois dont il la faut composer. La tête doit être d'*Accacia*, les tetons de *Chê-
ne*, le derriere de *Tremble*, & le devant
de *Fouteau*, grace à la discrétion : reve-
nons a l'auguste mistere de la reception de Mousse. Outre ces mots & ce signe, on l'instruit encore d'un salut qui
est commun à tous les Grades, & d'un
attachement pour se reconnoître ; j'en
parlerai au Chapitre des signes.

Après que le Mousse a répété le secret à chaque Frere, le Rameur le me-
ne au Chef d'Escadre qui lui attache
un cordon de soye verte, qu'on appelle
Cable, & une Ancre, à la boutonniere,
en lui ordonnant de la porter toujours
sur le cœur. Puisse, lui dit-il, votre
Ancre ne jamais dériver ; puisse Saint
Nicolas vous conduire toujours au
Port.

Quand on reçoit une Dame, elle est

affife à la place du Chef d'Efcadre qui
fe met à genouil devant elle, la Pof-
tulante met fa main gauche fur l'épaule
du Chef d'Efcadre & la main droite fur
la fienne : alors elle prononce le ferment, où il n'y a de différence que
celle que j'ai remarquée. Après le ferment le Chef d'Efcadre met les deux
mains fur les épaules de la Dame en
lui donnant le fecret.

Si les bienféances font obfervées par
tout avec le Sexe, c'eft principalement
dans l'Ordre de la Félicité : par-tout on
leur parle debout, là on eft trop heureux d'être à leurs pieds. Les profanes
regardent les Dames comme une caufe
de leur plaifir, nous les regardons
comme le principe & la fin du vrai
bonheur, dont nous jouiffons : c'eft-là
qu'on dit avec Juftice ; *hors le beau
Sexe il n'eft point de falut.* C'eft l'ame
du Monde & je me mocque de paffer
pour efféminé en faifant l'éloge des
Dames : qu'elles me regardent de bon
œil ; je ferai trop récompenfé ; je n'aug-
menterai pas, je vous jure, le Nécro-
loge des Orphées ; je crains trop le feu,
je ne veux point être déchiré : je fuis

Sibarite sur le fait de la mort, j'aime mieux expirer tranquillement sur un lit, que de n'avoir pas le tems de me reconnoître au milieu des Bois. Je suis aussi entier dans mes sentimens Epicuriens, qu'un Janseniste sur l'appel au futur Concile, ou qu'un Calviniste sur le refus de la présence réelle de Dieu au Sacrifice de la Messe. Voilà la Réception de Mousse.

CHAPITRE V,

Réception de Patron.

LEs Chevaliers & Chevaliéres s'assemblent en rond en s'entrelassant les bras l'un dans l'autre, passés sur le dos : le Maître de Cérémonie fait entrer les Mousses ; les moins anciens étant à gauche de celui que le Chef d'Escadre reçoit, parce qu'ils sont instruits plus tard du secret, on les interroge sur les planches du Vaisseau & de la Frégate & sur le langage de l'Ordre, & quand on est satisfait, on leur fait

mettre la main droite fur la tête, &
promettre de ne jamais révéler les
nouveaux fecrets qu'on leur va confier ;
après quoi on les fait paffer, on les
interroge fur ce qu'ils ont retenu : ils
entrelaffent alors leurs bras avec les
autres Chevaliers, & la Cérémonie eft
terminée.

Le fecret du Patron confifte comme
celui du Mouffe en un figne de reconnoiffance & un mot. Le figne fe fait
de cette maniére, L'un fe frotte le four-
cil droit avec l'index de la main droite ;
l'autre lui répond en fe frottant le
deffous du nez avec le même doigt,
Enfuite les deux Freres ou Sœurs fe
font une révérence, voilà le figne de
reconnoiffance. Le mot eft *Felicitas* ou
le Jardin d'Eden. Le mot *Felicitas* eft com-
pofé de 9 lettres qui font autant de fleurs
de ce célefte Jardin. Si je demande à
un Patron qu'elle eft la fixiéme fleur :
c'eft du *Jafmin.* Ce mot ne fe doit
prononcer qu'en Efcadre, comme les
deux mots du Mouffe. Pour la com-
modité des nouveaux Patrons, tant
Chevaliers que Chevaliéres, voici

les neuf lettres avec leurs fleurs de convenance.

lambe,
millet,
ris,
onquille,

oquelicot,
asmin,
ubereufe,
maranthe,
oucy.

Voilà en quoi confifte la Réception du Patron, qui eft ordinairement précédée de quelques cérémonies obfervées dans la Réception de Mouffe, & que j'ai crû inutiles à repeter. Etre Mouffe dans notre Ordre, c'eft connoître l'Ordre ; être Patron, c'eft en être connu. Beaucoup de gens ont été au premier grade ; on les a éprouvés & les connoiffant fans mœurs, fans fentiment & deftitués de toutes les qualités néceffaires à notre *Nautique fpirituelle*, on les a abandonnés ; ils n'ont point été admis. Nous voulons dans notre Chevalerie des hommes, (fans reproche c'eft trop dire : où en trouver ?) du moins les voulons-nous fans vice capital. Les efprits doubles, les cœurs faux, & les gens à intrigues en font bannis.

Nous cherchons le vrai bonheur, & ces
trois fortes de caractére fe plaifent à le
détruire. Les calomnies n'y font point
pardonnées; on n'y excufe pas même les
médifances. Nous voulons un effai d'E-
lus, & non pas un peuple entier. Nous
n'ambitionnons pas le titre de *Coloniates*;
nous ne voulons pas peupler l'Ameri-
que. Hélas ! qu'il feroit difficile dans le
fiécle pervers où nous vivons de former
une colonie de gens vertueux. L'amitié
n'a plus d'autel : la reconnoiffance eft
ignorée ! le monde eft un grand Livre :
les feuls méchans peuvent y lire, puif-
qu'eux feuls le rempliffent de leurs actions; & leurs actions font tellement
conduites par le détour & l'ignominie
que l'honnête homme rougiroit d'y rien
comprendre : l'ignorance eft un mérite
dans ces momens. Les ambitieux dé-
couvrent dans ce fatal livre leurs baffes
flatteries auprès du favori de leur Maître pour s'attirer un de fes regards. Ils
n'aiment point, ils n'eftiment pas même cet idole que tous les yeux contem-
plent, parce que fon Prince le chérit :
peut-être un jour employeront-ils le
crédit qu'il leur accorde, pour le faire

C iiij

tombe de sa fortune ; & infailliblement, ils méditent déjà leurs forfaits, & l'ordre de leurs attentats. Les grands crimes ne se commettent pas toûjours dans les hauts rangs. Je vois *Scafidion*, cet infame *Metromane*, ce rebut que la nature avoit de tous temps rejetté par prudence, mais que le hazard conserve pour le malheur du monde ; je le vois se livrer à sa noire furie. Qui peut donc l'exciter à déchirer ceux dont sans doute il est ignoré, puisqu'il n'en ressent pas la vengeance? le mépris des injures est une qualité bannie de notre siécle. Ce vil reptile ose piquer ; & il trouve des sots, qui applaudissent sa lourde Satyre ; quand ils y sont neutres, ou qui s'en irritent, quand ils en sont l'injuste victime. Je veux bien être blessé ; mais dumoins par une main qui honore ma défaite. *Camille* regretta moins la vie que d'avoir été vaincu par le lâche *Arons*. Je suis moins irrité de ses mauvais vers, que je ne suis fâché de voir qu'ils le font vivre. Il partage ses prétendus lauriers avec Marsippe son ami, s'il en peut avoir : ils s'assortissent à merveille. L'un lui prête sa ridicule poësie, l'autre

lui donne de mauvaise nourriture. Ils
vivent tous deux & ne devroient pas
vivre. Ce couple ignoble & dégoutant
rit au sein de la France ; leur langue in-
fectée prie *ses Dieux protecteurs* ; mais
leur mauvais cœur ne se nourrit que
d'un fiel empoisonné , qui dans peu
les dévorera eux-mêmes, si le Ciel leur
fait justice.

CHAPITRE VI.

Reception de Patron-Salé.

Toutes les Escadres de Paris ne sont
point d'accord sur la façon de conferer ce grade. Dans les unes il est tota-
lement supprimé ; dans d'autres on le
confere, mais avec beaucoup de restric-
tions & de déguisemens ; dans les dernieres enfin, pour être libre , on exige
des aimables Chevalieres de se retirer ,
& alors ce grade se donne dans toute
son étenduë. Il y a encore des nuances
variées dans le cérémonial ; dans les
unes on ne fait que répeter les Céré-

monies de la Réception de Patron ; les
Freres se placent en chaîne renversée ,
on dit au Récipiendaire le signe & le
mot, & le voilà reçu Patron - Salé.
Dans d'autres plus régulieres , on s'y
comporte comme je le vais décrire.

Le Patron qu'on veut recevoir Patron - Salé, quand les Dames se sont
retirées , entre le chapeau sur la tête ,
& l'epée nuë à la main gauche , il n'est
point conduit par le Maître de cérémonie. Il va droit au Chef d'Escadre , qui
l'embrasse , les Freres environnent le
Récipiendaire & celui qui le reçoit en
formant un grand cercle. Le premier
Frere tient de sa main droite la pointe
de l'épée de son voisin, & de sa main
gauche la garde de la sienne, que le
second Frere tient par la pointe ; voilà
comme les Freres se tiennent. Le Chef
d'Escadre ordonne au Patron - Salé de
prononcer le serment qui est conçu en
ces termes.

SERMENT DU PATRON - SALE'.

*Je jure devant vous , mes Freres , d'être
le vengeur des fautes & des crimes commis*

dans cet Ordre que je respecte , de parcou-
rir les Mers qui doivent nous être commises
& en garde ; de punir les Freres ou les
Sœurs que j'y trouverai en erreur volontai-
re. Que je sois puni moi-même , & privé de
l'espoir flatteur d'entrer dans notre auguste
Tabernacle si j'use de condescendance & de
faveur pour les coupables.

A peine ce serment est-il prononcé
que les Freres levent leurs épées la
pointe haute & la garde appuyée sur
l'epaule droite de leur voisin à main gauche. Le Récipiendaire marche lente-
ment , & passe auprès de chaque Frere
qui le touche de la pointe de l'epée en
baissant , sans pour cela quitter l'attitude où ils sont. Cette Cérémonie ache-
vée , le Postulant se place au milieu de
ce cercle de ses Freres qui tous lui placent la pointe de l'epée à deux doigts
éloignée du corps , chacun choisissant
un endroit mortel. L'un la met vis-à-
vis la tête , l'autre vis-à-vis le cœur ,
d'autres dans des parties du corps aussi
sensibles & aussi promtes à priver de la
vie , quand elles sont blessées. Le Chef
d'Escadre est sur son Trône , qui fait
promettre le secret au Frere qu'on re-

çoit, & l'inſtruit du mot & du ſigne, à
haute voix. Les Freres remettent l'épée
dans le foureau, & embraſſent le nouveau Patron-Salé.

Quand un Frere veut arraiſonner un
Patron-Salé, il le ſaluë, en mettant les
deux mains dans les baſques de ſon
habit, & l'autre répond en ouvrant la
bouche à moitié, & en approchant la
langue ſur le bord des lévres, qu'il re-
muë un inſtant, en regardant le Chevalier à qui il veut ſe faire reconnoître.

Ce ſigne varie ſelon les Eſcadres où
on eſt reçu, dans celles où les Dames
ſont admiſes à cette Réception, on ne
met en uſage que le dernier ſigne ; dans
d'autres il s'en fait quatre, célui qui
arraiſonne ſaluë en regardant la terre,
l'autre met la main entre ſes cuiſſes,
le premier lui répond en mettant les
deux mains dans ſes deux baſques, &
l'autre replique en ouvrant la bouche &
remuant le bout de la langue ſur le
bord des lévres. Voilà le ſigne de re-
connoiſſance de Patron-Salé.

Il doit connoître les fleurs du parterre
du Jardin d'Eden, il y en a ſix qui ſe

forment des premieres lettres du mot
suivant.

menoüil,	Damasine.
Orange,	Renoncule,
Violette,	Epine-vinette.

Les fleurs de ce Jardin compofent
le mot du Patron falé, excepté la quatriéme fleur qui doit être du Thin.
Comme fon odeur n'eft pas du goût
de tout le monde, j'ai crû devoir la
fupprimer, & en fubftituer une autre à la place ; ceux qui ne craignent
point les odeurs trop fortes, peuvent
l'y remettre, alors ils verront le Jardin & le mot dans toute fa régularité.

Ainfi quand je lui demande la quatriéme fleur du parterre d'Eden, il doit
me répondre *Damafine*. Voilà en quoi
confifte la Reception de Patron-Salé, peu
de gens ont reçu ce grade avec ce cérémonial, c'eft dans certaines Efcadres
qu'on l'obferve. De plus ce grade eft
prefque ignoré dans ces rades venales
& mercenaires, où fe raffemblent des
Chevaliers de l'yvreffe & de la crapule
plûtôt que des Freres de la Félicité.

C'eſt un Tableau bien groteſque à voir qu'une troupe de ces faux Freres. Ils ſe raſſemblent pour duper, ils trompent gravement ; mais l'inſtant d'après on les reconnoît pour des fourbes, & des impoſteurs. Ce n'eſt pas la Félicité ſeule qui fournit de ces indignes perſonnages, combien n'en ai-je pas rencontré dans cet Ordre par excellence, dans le premier des Ordres, je veux dire, *l'Ordre des Maçons* ! combien de Maîtres de Loge vivent aux dépens des dupes qu'ils trouvent ! quel ridicule ne répandent-ils pas ſur la forme d'une ſociété, dont il faut que le fond ſoit auſſi ſolide qu'il eſt pour ne s'être pas déjà écroulé? un diner chez *Mongenot* ou chez *Aubry* eſt le prix que quelques-uns de ces affamés mettent à la connoiſſance de leurs miſtéres.

Pour un Maître de Loge honnête homme, je vous en trouverai dix indignes de la qualité d'homme même,

CHAPITRE VII.

Reception du Chef d'Escadre.

La reception du Chef d'Escadre est conforme à celle de Patron :

Ils oublient & dédaignent l'Etat qui doit les faire vivre, puisque dans celui-ci à peine ont-ils le temps de digerer ; quelquefois (je le dis à regret) je rougis d'être Maçon, en voyant des Freres qui me font honte,

Après avoir fait prononcer à l'Aspirant le serment, on l'instruit du secret qui consiste en deux mots.

Dieux.	*Déesses.*
Mars,	Erigone,
Amour,	Rhée,
Saturne,	Orithie,
Eole,	Uranie,
Mars,	Astrée,
	Calliope,
	Hebé,

La Charge de Chef d'Escadre étant respectable, il est juste que ses idées soient sublimes, & que le Ciel soit l'objet de ses vûës. Cinq Dieux forment le mot de *Masel* : Sept Déesses forment celui *d'Erouach*. Chaque Dieu & chaque Déesse a ses attributs.

Attributs des Dieux.

Mars ; *le Javelot.*
Amour, *le Carquois.*
Saturne, *la Faulx.*
Eole, *les Nuages*
Larès, *le Foyer.*

Attributs des Déesses.

Erigone, *une grape de Raisin.*
Rhée, *le Globe de la Terre,*
Orithie, *Borée.*
Uranie, *une Etoile.*
Astrée, *des Balances.*
Calliope, *une Trompette,*
Hébé, *une Coupe.*

Voilà en quoi consistent les receptions
de

de Mouſſe, Patron, Patron-Salé, &
Chef d'Eſcadre. Je repete encore uné
fois que les mots ne ſe prononcent
qu'en Eſcadre. Dans le dernier Grade
il n'y a point de ſigne pour ſe reconnoitre.

Le Chef d'Eſcadre qui a une com-
miſſion particuliere de grand Maître
pour conferer ce grade, recevra de la
même maniére qu'il a été reçu, après
avoir éprouvé ſi le Patron qu'il reçoit
connoît ſuffiſamment les fleurs qui
compoſent le Jardin & les carrés du
parterre & avoir pris de lui le nouveau
ſerment.

Dans la Réception des Officiers in-
férieurs de l'Ordre, on impoſe les
mains ſur les épaules en donnant le mot,
& l'accolade ſe donne avec la marque
de leur charge. Dans la Réception des
Paquebots, on donne l'accolade avec
une canne ou un fouet.

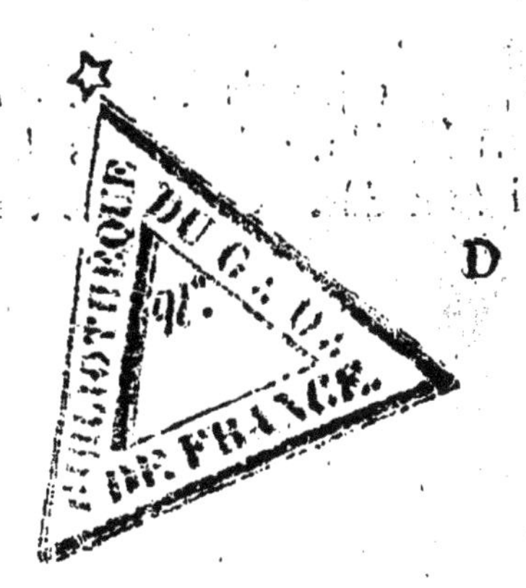

D

CHAPITRE VIII.

Des Signes généraux.

DAns l'Ordre des Chevaliers de l'Ifle de la Félicité, il y a des fignes généraux pour fe reconnoître. D'abord il y a un attouchement qui eft le même dans tous les Grades. On fe prend la main droite l'un à l'autre, & on chatoüille légerement le milieu de la main du Frere ou de la Sœur, à qui on fe donne à connoître, avec le doigt du milieu, & ce gefte fe fait réciproquement.

Il y a un autre figne qu'on appelle le coup de rame : ce figne fe fait en faifant partir la main en avant ; on l'appuye contre l'eftomach & on la porte un pied devant en formant un demi-cercle, dont le convexe eft en deffus. Dans les Efcadres, le Cherubin & les autres Chevaliers n'approchent & ne parlent jamais à celui qui préfide fans le faluer des coups de rame qui lui font dûs. On donne un coup

de rame au Mouffe ; deux au Patron ;
trois au Chef d'Efcadre , & quatre des
deux rames , c'eft-à-dire , des deux bras
au Grand Maître. Le nombre dû aux
Dames n'eft pas limité. Dans la réception , aux queftions que fait le Chef
d'Efcadre , on ne répond que par un
coup de rame , pour montrer qu'on
applaudit.

Je crois devoir , avant de finir ce
chapitre , donner le nombre des cables
qu'on doit porter fuivant fon Grade.

Le Mouffe , un.

Le Patron , deux.

Le Commiffaire des Marines, quatre.

Le Chef d'Efcadre , quatre.

Le Vice-Amiral , cinq.

Le Grand-Maître , fix.

Tous les Chevaliers , qui ne font
point dans le Tabernacle , portent leur
Ancre d'or avec le cable vert uni.

Ceux qui font dans le Tabernacle
le portent avec le cable vert & or.

Le Vice-Amiral , avec le cable tout
d'argent.

Le Grand-Maître , avec le cable
tout d'or.

Les Officiers de l'Ordre portent

l'Ancre d'or ou à leur volonté avec
le cable vert & argent,

Les Paquebots portent l'Ancre
d'argent avec le cable vert tout uni.

CHAPITRE. IX.

Des Assemblées & des Repas.

JUsqu'ici l'Ordre de la Félicité n'a
point été un Ordre de bouteille
& de débauche, du moins dans les Escadres bien reglées, ce ridicule ne s'y
est point glissé. Combien de Sociétés bien inventées se sont - elles
ruinées par cette basse crapule ! j'ai
vû autrefois paroître *les Freres de l'U-*
nion : les beaux Arts étoient leur principe, & la Musique principalement;
on s'assembloit dans ce dessein ; mais
dès qu'on étoit ensemble, on oublioit
les Statuts & Bacchus seul étoit le com-
mencement ; le nœud & la fin de chaque Assemblée, les étuits des instru-
mens faisoient le concert; pour les
Musiciens, ils les laissoient tranquiles :
on se retiroit comme on étoit entré

à la raiſon près. Beaucoup d'honnêtes gens à qui ce genre de vie
déplaiſoit n'y ont point retourné,
& l'Ordre eſt actuellement dans le
néant.

Sur ſes ruines s'eſt élevé l'Ordre des
Freres d'Apollon : ils ont bien com-
mencé ; (je ſouhaite ne pas être trop
clairvoyant) ils finiront mal ; je veux
dire, ils finiront comme les autres.
L'Ordre de la Félicité a banni ſevere-
ment ces ſortes de popinages qui loin
d'orner l'eſprit, ne font qu'abrutir le
corps & dégrader l'homme.

Quelquefois cependant les Freres &
les Sœurs ſe réuniſſent ;& ces aſſemblées
ſe font par dépenſes égales, afin qu'un
Frere ne ſoit pas plus foulé qu'un autre.
Il n'y a d'autre Cérémonie dans ces
rares repas, que de s'y placer ſelon ſon
rang, ſa dignité & ſon ancienneté.
La bouteille eſt appellée *Dame jeanne*,
& la caraffe *Jarre.*

Il y a une façon de ſe ſaluer le verre
à la main. On ſe preſente verre à verre,
comme ſi on vouloit choquer, on tient
ſon verre de façon que le doigt *index*
eſt levé ; on approche le bord des deux

verrès l'un contre l'autre , & on 'les baiſſe comme ſi on vouloit ſe verſer une partie du vin de l'un dans l'autre. On retire ſon verre près de ſon eſto- mach & à deux fois on le balance per- pendiculairement.

Les Freres Chevaliers ont encore une façon de ſe ſaluer & de ſaluer les ſœurs : ils ôtent le chapeau de deſ- ſus leur tête , le portent vis-à-vis leur eſtomach, & après l'avoir balancé deux fois perpendiculairement, ils le remet- tent.

Voilà tout ce que l'on peut dire de l'Ordre de la Félicité. Je ſerois le maître de déclarer les ſecrets & les myſteres du Tabernacle, mais j'ai aſſez d'amour propre pour ne permettre pas que tout le monde en ſçache autant que moi. Profanes ; Je vous ai ouvert la carriere ſans détours , ſuivez-là ; ſoyez parfaitement heureux, je ne m'y oppoſe pas, ſoyez ſûrs que ce Livre n'eſt pas de la nature de tant d'autres qui ont paru ſur la *Maçonnerie*. L'un (*Le Secret des Francs Maçons*) eſt écrit par un Pro- fane, qui ignoroit même les premiers élémens de la Maçonnerie, & qui dans ce tems-là écrivoit en aveugle. Les autres (*Le parfait Maçon, la parfaite Maçonne*, & le *Teſtament du Chevalier Graaf*) ſont écrits par des Freres qui, pleins de vrai zele pour leur Ordre, donnent le change au Public pour les détourner des véritables ſources dans leſquelles il pourroit puiſer quelques vérités.

Je les compare à ces fameux Adeptes, qui jaloux de leur bonheur dans la découverte de la pierre philoſophale & de l'or factice, ſe ſont uniquement occupés à détourner les mortels curieux de la véritable route qui pouvoit les conduire à leurs vœux. *Arnaud de Villeneuve, Raymond, Lulle & Geber* étoient heureux ; & baniſſant tout ſentiment d'humanité, les cruels ont rendu les autres infortunés. Ne pourrois-je pas encore les mettre en parallele avec ce pieux peuple de faineans qui, délivré de toutes paſſions de ſentimens & de penſées (n'eſt-ce pas être ſans ame) regarde d'un œil tranquille le genre humain en combuſtion. Plus ils voyent de trouble & de ravage, plus leur repos s'établit. Il ſemble à les

voir que leur vrai bonheur dépend
d'être feuls dans l'univers. L'Anglois
Swift les connoiſſoit bien.

Dans l'Ordre de la Félicité on obſerve un langage de marine : on reconnoît les meilleurs Chevaliers à leur
plus grande facilité à l'employer. Par
exemple, pour dire : J'ai l'approbation
duRoi : Je dirai, *Je ſuis accoré du Vaiſſeau
Royal.* Pour dire encore : J'ai propoſé à
M. un tel de ſe battre, mais il m'a
refuſé, il a fait le blanc bec : je dirai, *J'ai prêté le côté à un tel Vaiſſeau,
mais au lieu de venir à l'abordage, il a
filé du cable.* Ce langage aux oreilles
profanes paroîtra peut-être ridicule :
mais les Freres y trouvent leur utilité.

Avant que de finir qu'il me ſoit dumoins permis de propoſer quelques ré-
fléxions ſur l'Ordre de la Félicité.

1°. Je penſe & ne ſuis point le ſeul
qui ai fait la réflexion que je vais dire : Je penſe, dis-je, que la ſolidité
d'un Ordre ne dépend que dans la parfaite égalité. Je voudrois que quand
on admet des Dames dans les Sociétés,
elles y fuſſent dépoüillées de leurs pré-
rogatives. Les hommes y ſeroient
moins

moins gênés : les Dames feroient ta-
vies d'être hommes pour un moment,
& la fraternité feroit plus obfervée.
Qui empêche qu'on appelle les Dames du nom de Frère ? Elles paye-
roient de leur perfonne alors, au lieu
que fous le nom de Sœurs, elles ne
font que des ombres.

2°. Il faudroit que les Dames fûffent
reçues dans la Chevalerie par les *Freres*, & les hommes par les *Sœurs*. Il
n'y auroit point de partialité dans ce
moment. Tout fe feroit fans brigue,
& fans trop donner à l'amitié. Les
Dames font vraiment la pierre de touche du caractere & du bon goût. Elles
examineroient nos Chevaliers Afpi-
rans ; elles rebuteroient ceux qui feroient indignes de l'Ordre ; nous en
ferions plus vertueux & plus capables
de remplir les Statuts de la Chevalerie , & les intentions de nos char-
mantes Chevalieres.

3°. Il faudroit à la tête de l'Ordre
Général, un Chef qui imposât autant
par fa naiffance que par fon mérite.
Les Freres de l'*Ordre de Médufe*, dont
il y a encore en France beaucoup de

E

Chevaliers, n'ont exiſté qu'autant qu'ils
ont eu un Chef recommandable par
ſes vertus & par ſon crédit. M. de
Vauvré vivant, tout vivoit dans cet
Ordre, juſqu'à la *Méduſe* même. Il
mourut, & l'Ordre fut entraîné dans
ſa chûte. La faute de ſe choiſir un
Succeſſeur à leur Chef rempli des bel-
les qualités du Fondateur, cauſe ſa
ruine.

Les Maçons ne ſe ſoutiennent dans
leur éclat que par le choix qu'ils ont
fait d'un Prince, que la bonté du caractere, la noble naiſſance & les vertus éminentes appelloient d'un bout
de l'univers à l'autre, au titre de *Grand*
Maître Général. Affable à ſes Freres,
il ne paroît plus être leur Supérieur;
doux aux malheureux, il n'eſt terrible
qu'aux ennemis de ſon ſang & de ſon
Roi. On reconnoît les auguſtes ſentimens du Grand Condé, dans ſon Pe-
tit-Fils. Ce n'eſt point au Prince que
je donne mon encens, c'eſt à l'homme
ſeul que j'offre mon hommage. Il ſe-
roit à ſouhaiter qu'il daignât ſe char-
ger du titre de *Grand-Maître de l'Or-*
dre de la Félicité; l'éclat de notre Chef

rejailliroit fur nous : nos myfteres font refpectables, mais ils en feroient plus refpectés.

4°. Il feroit néceffaire de fùpprimer tant d'Affemblées, tant d'Efcadres qui fe tiennent journellement. A peine un petit Patron eft-il parvenu au rang de Chef d'Efcadre, qu'il fe croit en droit de tenir Efcadre lui-même ; de-là tant de mauvais Sujets reçus ; de-là tant d'honnêtes gens mal reçus. Pourquoi ne pas fixer un nombre d'Efcadres dans Paris, & n'en pas remettre la Grande Maîtrife à des gens capables de les conduire par leur prudence & de les maintenir par leur autorité & leur crédit ?

J'ai mis à la fuite les Chanfons de l'Ordre la Félicité, & le Dictionaire des termes de Marine.

CHANSON
DE L'ORDRE
DE LA FELICITÉ.

L'Isle de la Félicité
N'est pas une chimere
C'est où regne la Volupté
Et de l'Amour la mere ;
Frères, courons, parcourons
Tous les flots de Cythére,
Et nous la trouverons.

Pour nous faire un heureux destin
Brûlons d'un feu sincére,
Egayons l'amour par le vin
Et ne songeons qu'à plaire ;
L'embarquement est charmant
Sur les flots de Cythére,
Pour un Mousse constant.

E iij

On ne doit naviguer jamais
Sur des Mers étrangéres ,
Dès que l'on peut troubler la paix
Dont jouissent les Frères ,
Voguons soumis à l'Amour
Sur les Flots de Cythére ;
Mais voguons sans détour.

*

Le calme doit nous engager
A des courses légéres ;
Mais gardons-nous de voyager
Quand les vents sont contraires ;
Ne risquons point en amour
Un trajet téméraire
Sans espoir du retour.

*

Cour ons en imitant Jason ,
Les tendres Emisphères ,
Pour conquérir une Toison
Soyons un peu Corsaires ,
L'embarquement est charmant
Sur les flots de Cythére ,
Quand le Mousse est prudent.

*

Fuyons les langueurs du repos
Que l'on voit sur la terre ;
Et tenons de joyeux propos
En fendant l'Onde amere :
Voguons au gré des Zéphirs
Sur les flots de Cythére ;
Guidés par les plaisirs.

Sur la tranquilité des cœurs
L'Ordre est sur-tout sévere,
Il sçait unir toutes les Sœurs,
N'est-ce pas beaucoup faire ?
C'est un commerce bien doux
Que celui de Cythère ;
Quand il est sans jaloux.

Soyons unis, soyons constans
Pour chaque Chevaliere,
Dans nos festins les plus charmans
Liberté toute entiere :
Et que Bacchus & l'Amour,
Sur les flots de Cythère,
Nous menent tour à tour.

*

Pour la manœuvre des Vaisseaux,
L'Amour est nécessaire,
Vénus qui naquit dans les eaux
En fera son affaire,
Abandonnons notre sort
A ce Dieu Tutélaire,
Nous verrons l'heureux Port.

CHANSON

POUR LA FÉLICITÉ.

Sur l'Air : *Du Branle de Dunkerque.*

LE CHEF-D'ESCADRE.

MOn cher Fils, il me faut,
Sans tomber en défaut,
Faire un détail bien clair
Des vertus qu'il faut sur Mer.

LE FRERE.

Regards, gestes, paroles,
Rien n'est indifférent,
Il faut dans les Boussolles
Consulter le vent,
On y doit remarquer,
Si l'on peut s'embarquer.

LE CHŒUR.

Il a bien répondu,
Il a de la vertu ;
Prions Saint Nicolas
Qu'il ne l'abandonne pas.

LE CHEF-D'ESCADRE.

Courage, mon enfant,
Dites, quel bâtiment
Voudriez-vous choisir,
Pour voguer avec plaisir ?

LE FRÈRE.

Que de peines à prendre
Pour en trouver de bons !
Je suis une Belandre,
Et la laisse au Ponton,
Quiconque a de l'aimant
Vogue avec agrément.

LE CHŒUR.

Il a bien répondu, &c.

Le Chef-d'Escadre.

La Fregate souvent
Resiste & se défend ;
Pour la bien remorguer,
Comment faut-il s'intriguer ?

Le Frere.

En lui faisant falotte,
On doit toujours caler
Pour devenir Pilote
Il faut dissimuler,
En allant à l'abord,
On bouline le Port.

Le Chœur.

Il a bien répondu, &c.

Le Chef-d'Escadre.

Avec le vent cargué,
Lorsqu'on s'est embarqué,
Mon fils, comment peut-on
Avoir toujours le vent bon ?

LE FRÈRE.

Un bon Garde-Marine,
Doit, pour bien naviguer,
Aller à la bouline,
Et ne jamais carguer ;
C'est bien en louvoyant
Qu'on leste un bâtiment.

LE CHŒUR.

Il a bien répondu, &c.

LE CHEF-D'ESCADRE.

Est-ce assés, mon enfant,
Que d'être triomphant ?
Comment s'y maintenir,
Après qu'on vient de surgir ?

LE FRÈRE.

N'être point en Carême,
Ne point quitter son bord,
Avoir bonnes Entennes
Et bien servir son Port,
Attendre avec l'Aimant
Le retour du bon vent.

LE CHŒUR.

Il a bien répondu, &c.

LE CHEF D'ESCADRE.

Il est vrai que toujours
L'Aimant est un secours ;
Il sçait en peu de mots,
Faire de jolis balots.

LE FRERE.

Pour rendre un stile aimable,
Pour écrire avec art.
Je ne voudrois pour table
Qu'un joli gaillard ;
Ovide n'écrivoit
Que lorsqu'il en trouvoit.

LE CHEF-D'ESCADRE.

Il a bien répondu ;
Il a de la vertu,
Pour le recompenser,
Mes sœurs, il faut l'embrasser.

AUTRE

Pour l'Ordre de la Félicité.

R Ival de la Maçonnerie
   Notre Ordre est d'autant respecté,
Qu'il a de plus la nouveauté,
Et des Dames la compagnie.
Vive, que par-tout soit chanté
L'Ordre de la Félicité,

Chez nous il faut que le vrai zele
Soit conduit par la liberté;
La vaine curiosité
N'est point admise en la natelle.
Vive, &c.

Une Frégatte, quoique neuve,
N'est pas souvent propre à voguer;
Il n'est pas sûr de naviguer
Si l'on ne l'a mise à l'épreuve.
Vive, &c.

Notre ferment n'a rien d'étrange,
On n'en doit pas être effrayé :
Quand par l'honneur on est lié,
Il n'est point à craindre qu'on change,
Vive, &c,

Pour un Marin l'apprentissage
Est d'écouter docilement ;
On ne fait bien le bâtiment,
Qu'en connoissant des bois l'usage.
Vive, &c,

Bravons les rochers & l'orage;
Il n'est qu'un tems pour tout risquer;
Et le plus sûr pour s'embarquer
Fut toujours celui du bel âge,
Vive, &c,

Souvent du sein de la tempête
On a vû naître les Zéphirs:
Il en est ainsi des désirs,
Ils croissent plus on les arrête,
Vive, &c,

Venez, volez, troupe immortelle,
Plaisirs, abandonnez les Cieux ;
Ils sont oüis des Amans heureux ;
Vous comblez l'ardeur mutuelle.
Vive, &c.

❀

Des plus beaux dons que Flore étale,
Ici mon œil est enchanté ;
Et mon odorat est flatté
Des parfums que la terre exhale ;
Vive, &c.

❀

Quel doux mouvement nous entraîne,
Unissons nos mains & nos cœurs
Avec des Guirlandes de fleurs ;
Les Graces forment notre chaîne,
Vive, &c.

❀

Temple adorable, heureux azile
Des humains & des immortels,
La constance vers tes aütels,
Rend enfin la route facile ;
Vive, &c,

De cinq Dieux le concours propice
Nous y fait goûter un plaisir,
Dont la bouche par mil soupirs
Au cœur exprime le délice.
Vive, &c.

Du sanctuaire impénétrable;
O! Pirates, éloignez-vous :
Il n'est permis qu'à peu de nous
D'entrer dans ce lieu respectable.
Vive, &c.

Que le reste soit lettre close;
Freres & Sœurs, n'en dites rien,
C'est altérer le prix d'un bien,
Que d'en trop découvrir la cause.
Vive, &c.

Soit du repos, soit de la course,
Goûtons les plaisirs en secret :
Des Dieux le bonheur n'est parfait
Qu'en ce qu'ils en cachent la source.
Vive, &c.

Comme eux, satisfaits de nous-même,
Nous devons tous nous préférer :
Laissons aux autres ignorer
Ce qui fait notre bien suprême.
Vive, & que par tout soit chanté
L'Ordre de la Félicité.

AVIS

AVIS SINCERES

A Mademoiselle de ****,
Chevaliere de l'Ordre de la
FÉLICITÉ.

Sur l'Air : *De la Béquille du Pere Barnabé.*

L'ANCRE journellement
A votre côté brille ;
Pour vous quel ornement !
Quittez cette vetille :
L'attribut d'une Fille
De la Félicité
Doit être la Béquille,
Du Pere si vanté.

✻

Oui, ce bijou charmant
Convient seul au mystére,
Portez-le, bel enfant
Vous ne sçauriez mieux faire ;
Et qu'en gros caractére
Tout autour soit gravé,
Le mot à l'ordinaire
Du bon Patron-Salé.

Quand vous voudrez mouiller
L'Ancre au Port de Cythére,
Sans faire gafouiller
Votre jalouſe mere,
Prenez pour ce myſtére,
Un Patron amoureux,
Adroit, diſcret, ſincere ;
Il comblera vos vœux.

❁

N'écoutez que l'Amour,
Dans vos yeux il petille,
Aimez à votre tour,
C'eſt une pécadille ;
Qui comme vous fourmille
Et d'eſprit & d'appas,
Releve la Bequille
Du Pere Barnabas.

❁

En Eſcadre à préſent ;
Celle qui mieux babille,
Doit d'un ton impoſant,
En mere de famille,
Chanter ſans qu'on ſourcille ;
En prenant ſes ébats,
La charmante Bequille
Du Pere Barnabas.

DICTIONNAIRE

PAR ORDRE ALPHABÉTIQUE,

DES TERMES DE MARINE,

EN USAGE DANS L'ORDRE

DE LA FÉLICITÉ.

DICTIONNAIRE

PAR ORDRE ALPHABÉTIQUE

DES TERMES DE MARINE

EN USAGE DANS L'ORDRE

DE LA FÉLICITÉ

A.

Abbattre,	différer une affaire.
Abordage (aller à l')	joindre son ennemi.
Aborder,	s'approcher de quelqu'un.
Accorer,	protéger quelqu'un.
Accrocher,	embrasser quelqu'un.
Adieu-va,	abandonner une connoissance.

Affaler.   humilier.

Affine (le tems).   l'occasion est bonne.

Aganter.   prendre.

Aggrets.   habillemens.

Aiguade (faire).   boire.

Aiguille.   regard.

Amarrer.   former une inclination ; attacher.

Amener.   se trouver vis-à-vis quelqu'un.

Ancre (à l')   se repentir d'une entreprise, être assuré du Port.

Appareiller.   mettre sa chemise, se préparer à faire un voyage.

Armateur.   homme entreprenant.

Arraisonner.   examiner un Frere.

Arraper.   prendre.

Atriver.   ceder au tems.

Auban.   escalier.

Autre (à l').   être attentif.

Aimant.   esprit.

Culotte.

B

B Abord. côté gauche.
Balot. lettre.
Banderolles. rubans.
Barbe (fainte). pendant d'oreilles,
  le C..

Bâtiment. le corps,
Bélandre. une folle.
Bidon. un pot.
Bidon (boire au). boire à même les
  pots.

Bifcuit. pain.
Bordée (aller par). avoir peine à réüffir.

Bouline (aller à cacher fon deffein.
 la).

Bouline (hale). novice.
Bouliner, (être à). fe déguifer.
Bouffole. les yeux.
Bout-de-hors. manchettes ou en-
  gageantes.

Bray. pomade.
Brulot. mauvais caractere,
  traître.

Brume. jaloufie.

G

C.

Cabeſtan,   les reins,
Cable.   cordon de l'Ordre.
Cabotter,   ne ſe pas décider.
Caler.   aller doucement,
Calfaté (vaiſſeau   homme de mau-
  mal).   vaiſe humeur,
Colle (avoir mal à   avoir la colique,
  la).

Calme (il).   la conversation
                        tombe,
Calme (être pris   n'avoir plus de for-
  de).   ce.
Calotte (faire),   tomber,
Canot.   un petit garçon;
Cap (avoir doublé   avoir fait fortune,
  le)
Cap? (où as-tu le).   comment vont tes
                       affaires ?
Carême (être en).   être malade.
Carenner.   mettre de côté,
Cargaiſon (avoir   être enceinte,
  la).

Carguer.   pencher de côté.
Cart (faire le).   verser de côté quelque chose.
Chaloupe.   petite fille.
Chaloupe de haut bord.   grande fille.
Chantier.   un lit.
Chasse(donner la).   réussir au préjudice d'un profane.
Chaudiere (faire).   donner à manger.
Chef d'Escadre.   troisiéme grade.
Cinadiers.   pieces d'estomach.
Coq.   Cuisinier.
Cordages.   cheveux.
Cote en travers (mettre de).   résister à la mauvaise humeur.
Couler à fond.   se ruiner.
Court comme nous (il).   avoir un rival.
Courviote.   espion.
Craquelin.   grand flandrin.
CHALOM.   mot de Mousse.

D.

DAme Jeanne.	bouteille.
Debout.	allér au fait.
Découverte (être à la)	e spionner.
Dedans (donner).	saisir l'occasion.
Dépasser un vaisseau.	surmonter son rival.
Dérive (aller à la).	laisser aller ses affaires au hazard.
Désemparé (vaisseau).	homme boiteux & bossu.
Doucèur (aller en).	être prudent.
Draguer.	quitter l'occasion.
Dunette.	tignon.

E

EBaroux (être)	être épuisé, usé.
Echouer,	manquer une entreprise.
Ecole de Marine,	lieu commode, B.
Ecoutille,	porte ou fenêtre.
Embarquement,	intrigue d'amour.

Embarquer (s') nouer une intri-
gue, commen-
cer une affaire.
Empoulette, bouteille ou fla-
con.
Entennes, épaules.
Entre-pont, l'eſtomach.
Epalmer, ſe laver ſur le B. . ?
Eventer les voiles, ſe rafraichir.
EROVACH. mot de Chef d'Eſ-
cadre.

F.

Falote (faire) agacer quelqu'un
fers (être aux) être amoureux.
feu des 2 bords tirer des deux cô-
(faire) tés.
feu S. Elme. velléité.
filer du cable, s'enfuir.
flammes, pompons, cocar-
des.
flamme (arborer être au-deſſus des
la) autres.
Flute. groſſe femme.
Forcer de voile. bruſquer une affaire.

Frégate. — petite femme.

Frégate de haut bord. — grande femme.

Frégate d'avis. — appareilleuse, M.

Fretter. — prendre des gages.

FELICITAS. — mot de Patron.

FOUDRE. — mot de Patron-Salé, à peu de chose près.

G.

G Abary (chaloupe de bon). — fille bien faite.

Gabary (frégate de bon). — femme bien faite.

Gabary (vaisseau de bon). — homme bien taillé.

Gaillard. — la table de la gorge.

Galiote à bombe. — impertinent.

Gardes-côte. — ceux qui empêchent d'aborder.

Gardes-marine. — gens officieux.

Garder un vaisseau. — observer un rival.

Gaudron, — fard.

Gouvernail. croupion.
Grain blanc. chofe à craindre.
Grain (gare le). raifons-nous, nous
    fommes avec
    des profanes.
Grapin. main.

H.

Haut & bas. bien faire fon de-
    voir.
Hauteur(prendre) boire.
Hiffer. lever.
Hiffer une frégate. enlever une fem-
    me.
Hola, ho! demander raifon à
    un homme.
Hunes. vuides-bouteilles.
Huniers. cabarêts.

J.

Jarre.   pot à l'eau.
Jolle.   grande fille.
Jumelles.   béquilles ou can-
        nes.

JARDIN d'EDEN   mot de Patron.

L.

Labourer.   ramper, n'avoir
        point de senti-
        ment.

Lancer babord ou   boitter à gauche
   tribord.   ou à droite.

Larguer.   se retirer heureu-
        sement.

Lazaret.   S. Cô.... B...,
        infirmerie.

Lest (bon).   argent.
Lest (mauvais).   gasconnade.
Lester.   fixer.
Lever l'ancre.   poursuivre un an-
        cien amour.

Lever une terre.   faire le portrait de
        quelqu'un.

Lof (au). fe retirer d'une compagnie.

Long cours (voyager de). faire l'amour à une prude.

Louvoyer. ufer de rufe.

L E K A. mot de mouffe.

M.

Main (avant). être hardi dans fon amour.

Mal de terre. dégoût, ennuis, indifference.

Manger du fable. avancer fa montre.

Manuelle du gouvernail. le V.

Marcher dans les eaux d'un vaiffeau. fuivre les allures d'un homme.

Mafulit. une femme débauchée, une P...?

Mât de Beaupré. canne.

Mât (grand). le corps.

Mâts de Mifenne & d'Artimon. les bras.

Matelots,   géns sans pitié.
Mer.   amour, affaire, in-
    trigue, &c.
Mer (grosse)   mauvaise humeur.
Mettre un vaisseau   présenter un jeune
à l'eau.   homme pour la
    premiere fois
    en bonne com-
    pagnie.
Moüiller l'ancre.   s'arrêter.
Mousse.   premier Grade.
Mousse du pont.   poliçon.
M A S E L.   mot de Chef d'Es-
    cadre.

N.

Nager,   Marcher.
Nage sec,   bien danser, avoir
    des graces en
    marchant.
Naufrager au Port,   manquer à ce
    qu'on doit à une
    sœur.
Naviguer,   faire son chemin.
Naviguer par   se tromper.
terre.
Navire forban,   tapageur.

Navire qui fait   hydropique.
  eau,
Non vaſte ;   cela n'eſt pas
              croyable ! ter-
              me qu'on peut
              dire à un ha-
              bleur.

O

ORganau   Bague.
Ouvert (être à l')   découvrir ſes ſen-
              timens,

P

PAcquebot,   commiſſionnaire,
Paré (être)   être en état de ſer-
              vir.
Parfumer,   ſe baigner.
Paſſagers,   volages , inconſ-
              tans.
Patron ,   deuxiéme grade.
Patron-Salé,   homme vigou-
              reux.

Pattaches d'avis,	efpions.
Pavois,	habillemens.
Pavillon,	bel efprit.
Pavillon blanc, (faire)	entrer en compofition.
Pavillon de beaupré,	lunette fur le nez.
Pavillon, (arborer)	montrer qui on eft.
Pavillon (affurer)	affirmer ce qu'on dit.
Pavillon (marquer)	céder, rendre les Armes.
Pêcher en eau trouble,	s'embarquer par le mauvais temps.
Perceurs,	B....
Perroquet,	chapeau.
Pied Marin (avoir le)	n'être point novice en amour.
Pilottes,	gens à bonne fortune.
Pillottes font à terre (les bons)	termes pour fe mocquer de ceux qui fe vantent de beaucoup faire, & qui ne font rien quand ils font aux prifes.

Pirates ;	ennemis de l'Or-
	dre.
Plier le côté,	n'être pas fort.
Plongéurs ,	folliciteurs de pro-
	cès d'autrui.
Point (donner fon)	dire où l'on eft.
Pointer la carte ,	examiner un en-
	droit.
Pointer à demater,	tuer fon homme
	quand on fe bat.
Pompe ,	pot de chambre.
Pomper ,	piffer.
Ponton,	fot.
Port.	cœur,
Porte-voix.	bouche.
Poupe.	derriere.
Pratique (avoir).	entrer en conva-
	lefcence.
Prendre les rits.	lever la juppe ou
	la robbe.
Prêter le côté.	ne pas refufer de
	fe battre.
Promontoires.	Tétons.
Proue.	le vifage.

Q.

Quarantaine, (faire la).

être malade.

R.

Rades.

villes ou domici-les.

Rafraîchir à la Matelot (se).

prendre du tabac, de l'ail & de l'eau-de-vie.

Rames.

jambes & bras.

Ravitailler (se).

manger.

Reconnoitre,

aller chez quel-qu'un.

Relinque,

cordon de jupe, ou ceinture de culotte.

Remorguer,

s'attacher quel-qu'un, se faire aimer,

Rendre le bord.   s'avouer vaincu.
Revirer de bord.   tourner le dos.
Ribord.   culotte.
Royal (vaiſſeau).   le Roi.
Royale (frégate).   la Reine ou la maîtreſſe du Roy.

S.

S Abord.   poche.
Saluer du pavillon.   faire honneur à quelqu'un.

Singler.   courir après quelqu'un.

Sombrer.   manquer une intrigue.

Sonder le fond.   connoître l'endroit où l'on eſt.

Sondes.   les doigts.
Sortir le boute-feu à la main.   être prêt à tout faire.
Soute.   lieu où l'on met le Pain.

Surgir.   arriver.

T.

TEndelet.	mantelet.
Tillac (franc).	culotte.
Tourménte.	mouvement víolent.
Treque (jetter le).	fçavoir au júſte le chemin qu'on a fait.
Tribord,	côté droit.

V.

VAiſſeau.	homme.
Vaiſſeau cargué.	homme qui perd ſa fortune.
Vaiſſeau de tranſport.	fiacre, cocher.
Vaiſſeau trop calé.	homme chargé d'affaires.
Varet.	gueux, miſérable.
Vent (aller au).	être au-deſſus des autres.
Vent droit (avoir le).	être en bonne fanté, B . . . .
Vent en poupe (avoir le).	être écouté,
Vent largue (avoir le),	avoir eſpérance.

S'il

S'il vente, file ;   ſçavoir e plier ſe-
s'il calme, vire.   lon l'occaſion
                  & en profiter
                  dans le moment
                  qu'elle eſt bon-
                  ne.

Virer de bord.   être inconſtant.
Voguer à pleines   avoir de grandes
   voiles.   allures.
Voguer d'accord.   être bien enſem-
                  ble.
Voguer de conſer-   être en partie
   ves.   quarrée.
Voile.   chemiſe.
Voile d'Artimon.   derrière de chemi-
                  ſe.
Voile de Miſenne.   devant de chemiſe.
Voilier (bon).   coureur.

DICTIONNAIRE

ALPHABÉTIQUE

des Explications

DES TERMES DE MARINE

EN USAGE DANS L'ORDRE

DE LA FÉLICITÉ

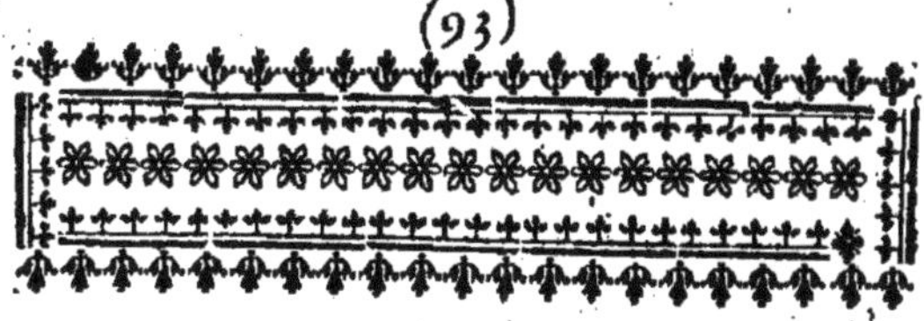

DICTIONNAIRE

ALPHABÉTIQUE

des Explications

DES TERMES DE MARINE,

EN USAGE DANS L'ORDRE

DE LA FÉLICITÉ.

A.

APprocher de quelqu'un (s'). — aborder.

Abandonner une connoiffance. — adieu-vâ.

Attentif (être). — à l'autre.

Aller doucement. — caler.

Affaires ? (comment vont tes) — où as-tu le cap ?

Aller au fait. — debout.

Agacer quelqu'un. faire falotte.

Amoureux (être). être aux fers.

Aborder (ceux qui empêchent d'). Gardes-côte.

Argent. bon left.

Avancer fa montre. manger du fable.

Amour, affaires, intrigue. Mer.

Arrêter (s'). moüiller l'ancre.

Affirmer ce qu'on dit. affurer pavillon.

Aller chez quelqu'un. reconnoître.

Attacher quelqu'un (s') fe faire aimer. remorguer.

Avoüer vaincu (s'). rendre le bord.

Arriver. furgir.

Allures (avoir de grandes. voguer à pleines voiles.

B.

Boire. faire aiguade, prendre hauteur.

Bouteille. Dame Janne, em-poulette.

Boiteux & boſſu. — vaiſſeau déſemparé.

B... lieu commode. — école de Marine.

Bruſquer une afre. — forcer de voile.

Béquilles ou cannes. — jumelles.

Boitter à droite ou à gauche. — lancer babord ou tribord.

Bras. — mâts de Miſenne & d'Artimon.

Bague. — organau.

Baigner (ſe). — parfumer.

Bel-eſprit. — pavillon.

B.... — perceurs.

Bouche. — porte-voix.

Battre (ne pas refuſer de ſe). — prêter le côté.

C.

CEder au tems. — arriver.

Côté gauche. — babord.

Côté droit. — tribord.

C.. (le). — ſainte-barbe.

Corps. — bâtiment, grand mât.

Cacher son dessein	aller à la bouline.
Cordon de l'Or-	cable.
dre.	
Colique (avoir la).	avoir mal à la cal-
	le.
Conversation	il calme.
tombe (la).	
Côté (pencher de).	carguer.
Côté quelque cho-	faire le cart.
se (verser de).	
Cuisinier.	coq.
Cheveux.	cordages.
Cocardes , pom-	flammes.
pons.	
Croupion.	gouvernail.
Chose à craindre.	grand blanc.
Cabarêts.	huniers.
Cosme (S.) Bic . .	lazaret.
infirmerie.	
Canne.	mât de Beaupré.
croyable (cela	non vaste.
n'est pas).	
Commissionaire.	paquebot.
Ceder.	marquer pavillon.
Chapeau.	perroquet.
Cœur.	port.
Cordon de juppe ,	relinque.
ou ceinture de	
culotte.	Culotte

Culotte,	ribord, franc tillac.
Courir.	fingler.
Chemife.	voile.
Chemife (derriere de).	voile d'Artimon.
Chemife (devant de).	voile de Mifenne.
Coureur,	bon voilier.

D.

Differer une affaire.	abbattre.
Déguifer (fe).	bouliner.
Décider (ne fe pas)	cabotter.
Donner à manger.	faire chaudiere.
Devoir (bien faire fon)	haut & bas.
Demander raifon à quelqu'un.	holà, ho !
Dégoût, ennui, in-différence.	mal de terre.
Danfer,	nager fec,
Découvrir fes fen-timens.	être à l'ouvert.

I

Dire où l'on est,   pointer la carte.
Derriere.   poupe,
Domiciles.   rades.
Doigts,   fondes,

E.

EMbrasser quel-   accrocher.
qu'un.
Examiner un fre-   arraifonner.
re.
Efcalier.   auban.
Enceinte (être)   porter la cargai-
fon.
Efpion,   courviotte, patta-
che d'avis.
Efpionner,   être à la découver-
te.
Epuifé, ufé (être).   être ébarouy,
Epaules.   entennes.
Eftomach.   entre-pont.
Enfuir (s').   filer du cable.
Enlever une fem-   hiffer une frégate.
me,
Entrer en compo-   faire pavillon
fition.   blanc.
Embarquer (s')   pêcher en eau
par le mauvais   trouble,
tems.

Ennemis de l'Or- dre.	Pirates.
Entrer en conva- lescence,	avoir la pratique,
Endroit où l'on est (connoître l').	sonder le fond.
Etre au-dessus des autres.	arborer la flamme, aller au vent.
Etre en état de ser- vir.	être paré.
Etre prêt à tout faire.	sortir le boutefeu à la main.
Etre en bonne san- té, B ...	avoir le vent droit.
Etre écouté.	avoir le vent en poupe.
Etre inconstant.	virer de bord.
Etre bien ensem- ble.	voguer d'accord.
Etre en partie quarrée.	voguer de conser- ve.
Esprit.	aimant.

F.

FOrmer une inclination. — amarrer.

Folle. — belandre.

Force (n'avoir plus de) — être pris de calme.

Faire calotte. — tomber.

Fortune (avoir fait). — avoir doublé le cap.

Fille (petite). — chaloupe.

Fille (grande). — chaloupe de haut bord, jolle.

Flandrin. — craquelin.

Fenêtre ou porte. — écoutille.

Femme (petite). — frégate.

Femme (grande). — frégate de haut bord.

Femme bien faite. — frégate de bon gabary.

Fille bien faite. — Fille de bon gabary.

Fard. — gaudron.

Fixer. — lefter.

Faire l'amour à une dévote. — voyager de long cours.

Faire son chemin. — naviguer.

Fort (n'être pas) — plier le côté.

Faire honneur à quelqu'un. — saluer du pavillon.

Fiacre, cocher. — vaisseau de transport.

G.

GArçon (petit). — canot.

Grades.

  Premier, — Mousse.

  Second, — Patron.

  Troisiéme, — Patron-Salé.

  Quatriéme, — Chef d'Escadre.

Grosse femme. — flute.

Gages (prendre des). — fretter.

Gorge (la table de la). — gaillard.

Gens officieux. — Gardes-Marine.

Gasconnades. — mauvais lest.

Gens sans pitié. — Matelots.

Gens à bonne fortune. — Pilotes.

Gueux, misérable. — varet.

H.

HUmilier quel- qu'un.	affaler.
Habillemens.	aggrêts, pavois.
Homme entrepre- nant.	Armateur.
Homme de mau- vaise humeur.	vaisseau mal cal- faté.
Homme bien fait.	vaisseau d'un bon gabary.
Homme.	vaisseau.
Homme qui perd sa fortune.	vaisseau largué.
Homme trop char- gé d'affaires.	vaisseau trop calé.
Hydropique.	navire qui fait eau.
Hardi en amour. (être)	main en avant.

J.

JOindre son en- nemi.	aller à l'abordage.
Jalousie.	brune.
Jambes & bras.	rames.

I.

INconstans, vo- | passagers.
lages.
Impertinent. | galiote à bombes.
Intrigues d'amour. | embarquement.
Intrigue (nouer | s'embarquer.
une).

L.

LEttre. | balot.
Lit. | chantier.
Laisser aller ses af- | aller à la dérive.
faires au hazard.
Laver (se) sur le | épalmer.
B.
Lever. | hisser.
Lunette. | pavillon de Beau-
pré.
Lever la juppe ou | prendre les ris.
la robe.
Lieu où l'on met | soute.
le pain.

M.

MEttre sa che- | s'appareiller.
mise.
Manchettes, En- | bout-dehors.
gageantes.

Mauvais plaisant.	brutal.
Mettre de côté.	carenner.
Manquer une entreprise.	échouer.
Macq . . appareilleuse.	frégate d'avis.
Main.	grapin.
Mauvaise humeur.	grosse mer.
Marcher.	nager.
Manquer à ce qu'on doit à une sœur.	naufrager au port.
Montrer qui on est.	arborer pavillon.
Mocquer (se) de ceux qui se vantent.	les bons Pilotes sont à terre.
Malade (être).	faire la quarantaine.
Manger.	se ravitailler.
Manquer une intrigue.	sombrer.
Mantelet.	tendelet.
Mouvement violent.	tourmente.
Marquer le chemin qu'on fait.	jetter la treque.

N.

Novice. — hale bouline.
Novice (n'être point) en amour. — avoir le pied Marin.

O.

Occafion eft bonne (l'). — le tems affine.
Obferver un rival. — garder un vaiffeau

P.

Rotéger quelqu'un. — accorer.
Prendre. — aganter, arraper.
Préparer (fe) à faire un voyage. — s'appareiller.
Pendans d'Oreilles. — fainte Barbe.
Pot. — bidon.
Pots (boire à même les). — boire au bidon
Pain. — bifcuit.
Peine (avoir) à réüffir. — aller par bordée.
Pomade. — bray.
Pieces d'eftomach. — cinadiers.

Prudent (être). aller en douceur.
Pot à l'eau. jarre.
Pourfuivre une a-venture. lever l'ancre.
Portrait de quelqu'un (faire le). lever une terre.
P..... femme débauchée. mafulit.
Préfenter un jeune homme en bonne compagnie pour la premiere fois. mettre un vaiffeau à l'eau.
Poliçon. Mouffe de Pont.
Pot de chambre. pompe.
Piffer. pomper.
Poche. fabord.

Q.

Quitter l'occafion. draguer.

R.

Regard. aiguille.
Repentir fe d'une entreprife. être à l'ancre.
Rubans. banderolles.
Reins. cabeftan.

Réüffir au préjudi-
ce d'un profane.   donner la chaffe.

Réfifter à la mau-
vaife humeur.   mettre de côté en
travers.

Ruiner (fe).   couler à fond.

Rival (avoir un).   il court comme
nous.

Raffraichir (fe).   éventer les voiles.

Ramper, être fans
fentiment.   labourer.

Retirer heureufe-
ment (fe).   larguer.

Retirer (fe),   au lof.

Rufer.   louvoyer.

Roi (le).   vaiffeau royal.

Reine (la).   frégate royale.

S.

SAifir l'occafion.   donner dedans.

Surmonter fon ri-
val.   dépaffer un vaif-
feau.

Suivre les allures
d'un Chevalier.   marcher dans les
eaux d'un vaif-
feau.

Solliciteurs de pro-
cès d'autrui.   plongeurs.

Sot.   ponton.

Sçavoir fe plier fe-
lon l'occafion.   s'il vente, file, s'il
calme, vire.

TRouver vis-à-vis quelqu'un (se)	amener.
Traître.	brulôt.
Tignon.	dunette.
Tirer des deux côtés.	faire feu des deux bords.
Taisons-nous : des profanes nous écoutent.	gare le grain.
Tromper (se).	naviguer par terre.
Tapageur.	navire forban.
Tuer son homme.	tirer au corps.
Tétons.	promontoire.
Tourner le dos.	revirer de bord.

V

VElleité.	feu saint Elme.
Vuides-bouteilles.	Hunes.
V..	manuelle du gouvernail.
Visage.	prouë.

Y,

YEux.	boussole.

FIN.